Katina R. Seymour

VIVIR

Diferentemente!

10 FORMAS DE
MODELAR LA EXCELENCIA

Junk@noo Publications

Junk@noo Publications
www.junkanoopublications.com
Valdosta, GA. 31605

Impreso en los Estados Unidos de América.

ISBN 9780578699387

****

LIC. Manuela Varela
Traductora Publica Certified Translator
+(598) 99 383 626
manuelavarelatp@gmail.com

Dedicatoria

Para Raleigh, mi esposo desde 1996. Tu aceptas y apoyas totalmente en quien me he convertido. Para mis hijos, Raleigh De'Angelo y Candace Raquel, ustedes me inspiran porque yo los inspiro a ustedes. Para mis nietos aún no nacidos, les dejo este libro como una premisa sobre la cual pisar firme. Con mucho amor.

VIVIR *Diferentemente!*

Prefacio

"La excelencia no es una destrza. Es una actitud".
Ralph Marston

Le preguntaron una vez a un viejo sabio: "Señor, por favor, diganos: ¿Cuáles son los secretos del éxito?

Luego de considerar cuidadosamente la pregunta, su respuesta fue: "Asegúrense de tener una mente curiosa, un corazón atento, un espíritu humilde pero exigente, una voluntad indomable y una pasión por la excelencia".

La excelencia no es un regalo. Debe ser perseguida y buscada intencionalmente. La excelencia es hacer lo mejor que se puede hacer, sin nunca conformarse con la media.

Si tienen actitudes perezosas o cubren la búsqueda de la excelencia detrás de la frase, "Si Dios quiere que se haga, se asegurará de que se haga", nunca operarán con un espíritu de excelencia.

En mi humilde opinión, Katina Seymour, está calificada para contribuir a que más personas persigan el espíritu de la excelencia, principalmente porque ella no solo opera con excelencia, sino que la vive. De orígenes humildes y desafiantes, sus muchos logros personales y profesionales envian un mensaje fuerte y contundente de que nuestra historia no siempre refleja una imagen clara de nuestro destino. He participado en su vida durante más de veinte años y puedo dar fe del hecho de que, en los cimientos de todos sus logros, se encuentra el espíritu de la excelencia.

A medida que el lector avanza en este, su primer esfuerzo literario, notará que, al comienzo de cada capítulo, ella ofrece al lector una frase para recapacitar, y al finalizar cada capítulo, invita a realizar un examen introspectivo con un enfoque interesante.

Confío en que, al revisar estas 10 formas de modelar la excelencia recomendadas por la autora, ¡uno se sentirá inspirado a vivir diferentemente!

Neil C. Ellis
Obispo
Global United Fellowship
Pastor /Maestro Iglesia Mount Tabor
Nassau, The Bahamas

VIVIR *Diferentemente!*

Índice

Elogios Para ¡Vivir Diferentemente! 10 Formas De Modelar La Excelencia

Al ser una amiga cercana durante los últimos quince años, cada vez que hablo de Katina, a menudo la describo como una "mujer de excelencia". Por lo tanto, no sorprende que el tema de su primer libro sea justamente, la excelencia. ¡Disfruté de la lectura!

Katina establece un vínculo con el lector al profundizar en sus experiencias personales, tejiendo en sabias palabras diseñadas con el fin de embarcar a los lectores en el mismo viaje que la ayudó a ella a dar forma a su perspectiva acerca de la excelencia. Seymour desentierra verdades que, una vez incorporadas, podrían inspirar a los lectores a encarnar el espíritu de excelencia del que tanto habla.

Este libro es oportuno, particularmente en una sociedad donde la "media" es el estándar común. Es una lectura rápida pero potente. A medida que se adentra en las páginas, animo al lector a comprometerse con el texto, a despojarse de todas las nociones preconcebidas de excelencia y a sumergirse en la esencia de cada cita y anécdota hábilmente seleccionadas. Hay buenos consejos, una nueva perspectiva y un enfoque práctico. ¡Abrázalo, haz el cambio y prepárate para vivir diferentemente!

Hadassah Deleveaux (originalmente Hall)
Oficial de Relaciones Públicas – Instituto Técnico y Vocacional de Bahamas
Ex periodista de prensa y radiodifusión
Fundadora del Blog Sobre la Colina…Al Otro Lado
Ganadora del Premio de Redes sociales de
Bahamas Club de Prensa 2018

Sin lugar a dudas, hay algo especial sobre el activista de derechos humanos Martin Luther King, Jr., el experto en informática Steve Jobs y el magnate de televisión Oprah Winfrey. Hay al menos una cosa que podemos admirar en la vida de personas como la Madre Teresa, Jean-Robert Cadet y Harriett Tubman. Es innegable que podemos aprender algo de Michael Jordan, Serena Williams e incluso de John Maxwell. En mi opinión, estas personas poseían al menos uno de estos atributos: habilidad, talento, coraje, disciplina, solidaridad, determinación, fuerza de voluntad y pasión. Estas personas han dejado marcas indelebles en sus sociedades y, aún más importante, en la humanidad. ¡Yo los admiro!

VIVIR *Diferentemente!*

xiv

Introducción

Al acercar el lente a nuestro hogar, muchos de nosotros podemos decir que efectivamente había algo especial y agradablemente diferente en nuestros antepasados. A pesar de su falta de educación superior, su ignorancia de muchas de las tecnologías modernas y su incapacidad para acceder a los tipos de recursos que tenemos actualmente, probablemente podamos pensar en al menos una razón por la que se destacan en nuestras mentes en un modo positivo. Quizás sea su fortaleza, resistencia o, muy posiblemente, su determinación y su fuerte sentido de comunidad. Para mí, hay algo en la forma en que manejaban sus hogares, en como se presentaban físicamente, criaban a sus hijos, funcionaban en sus trabajos e interactuaban con la sociedad que me obliga a recordarlos con cariño. Yo lo llamo excelencia. Ellos vivían diferentemente.

De la misma manera, les hago esta pregunta, ¿qué nos destaca o nos hace ser diferentes, de una manera positiva, a ti y a mi? ¿Cuál será nuestra marca en este mundo, en nuestras comunidades y en nuestras esferas personales de influencia? ¿Por qué seremos recordados? ¿Quién estará pensando en nosotros y recordándonos dentro de cinco, diez, cincuenta años o incluso mucho después de que nos hayamos ido? ¿Qué dirán de nosotros? Más importante aún, ¿Qué QUEREMOS que se diga de nosotros?

Si bien la respuesta a estas preguntas variará, estoy casi segura de que muchas personas, incluyéndome a mí, querrían que se dijera que operamos con una conciencia y un nivel de excelencia que nos hicieron diferentes. Es por esta razón y con este propósito específico que quiero centrarme en el concepto de vivir diferentemente -

siendo excelente. Aportarle a los lectores una nueva perspectiva u otra comprensión práctica de cómo se ve la excelencia en la vida cotidiana es importante para mí. Percibo que hay beneficios duraderos que trascienden nuestro tiempo y, tal como lo hicieron nuestros antepasados, pueden dejar huellas indelebles en nuestros mundos.

Entonces, ¿a qué se parece la excelencia? ¿Cómo la reconocerás cuando la veas? ¿Qué significa que alguien opera con excelencia? Estas preguntas son la base de este libro. Es bastante esperado que uno obtenga un sinfín de respuestas. Sin embargo, he escrito este libro como una respuesta, una referencia y un recurso a estas preguntas en función de mi perspectiva.

Cuando las personas operan en y con excelencia, hacen difícil que otros los olviden. No se borran fácilmente de las mentes de las personas con las que entran en contacto o de aquellos con quienes han tenido la suerte de pasar una cantidad significativa de tiempo. Sus nombres saltan con facilidad de los labios de sus admiradores, y las personas que tuvieron el privilegio de conocerlos de una manera especial los honran y recuerdan con cariño. Creo que la excelencia nos diferencia de maneras positivas y tatúa nuestros nombres en los corazones de las personas en todas partes. Esto es notable, ¡y lo atesoro!

Curiosamente, sin embargo, he encontrado que las respuestas a preguntas como "¿A qué se parece?" pueden ser muy vagas y escurridizas. Si bien no hay una respuesta acertada o una forma correcta de pintar el cuadro de la excelencia, quiero ayudar a los lectores a ver cómo podría ser la excelencia, desde mi perspectiva. Al hacerlo, proporcionaré un marco para estructurar su pensamiento, un trampolín para ayudarlos a elaborar su propia definición y una plataforma desde la cual se pueden elaborar y mantener extensas conversaciones sobre este tema. Debo admitir que preguntas como "¿A qué se parece la excelencia?"

no siempre son fáciles de responder, y las razones pueden ser muy variadas.

Puede ser que las personas:

- Nunca lo han pensado realmente;
- No entienden realmente qué es lo que se pregunta;
- Encuentran difícil explícitar qué ven, sienten, experimentan y piensan;
- Están acostumbradas a hacer declaraciones generalizadas;
- Asumen que nombrar el comportamiento es suficiente y debe entenderse; o
- Están esperando que alguien más lo defina y simplemente adoptan esa opinión.

Por eso este libro es importante. Al comenzar a leer y escucharme hacer la pregunta: "¿A qué se parece la excelencia?" o decir cosas como "Así es como se ve la excelencia". Realmente quiero que:

- Pienses en el comportamiento que estás observando;

- Nombres el comportamiento explícitamente;
- Comiences a razonar y a deconstruir lo que estás experimentando realmente;
- Te conectes contigo mismo y considerescómo te afecta el comportamiento;
- Te abstengas de generalidades y respuestas repetidas; y
- Clarifiques y des las razones que apoyan tu pensamiento.

Si sabes con certeza a qué se parece la solidaridad, la amabilidad, el amor, el profesionalismo y la excelencia, al ver o repetir ese comportamiento, puedes articularlo con claridad.

De ninguna manera un comportamiento se ve igual en todos los entornos. Por ejemplo, cómo se ve la solidaridad en el aula, en la sala de reuniones, en el hospital, en diferentes culturas, con niños pequeños e incluso entre cónyuges o parejas puede variar. Lo mismo es cierto para la excelencia. Entonces, lee con una mente abierta.

La excelencia es un concepto, lo que significa que es una gran idea; puede tener múltiples interpretaciones, y su esencia cruza fronteras y culturas. Esto establece la premisa y resalta el objetivo general de este libro. Con ejemplos concretos y escenarios de la vida real, los lectores podrán visualizar fragmentos de cómo puede verse el concepto de la excelencia desde mi perspectiva. Mi objetivo es hacer que mi pensamiento sea visible, presentando imágenes que sean identificables y replicables para que la excelencia se convierta en un hecho común.

Al definir cómo es la excelencia para cada uno de nosotros, aunque pueda ser diferente, he descubierto que siempre hay puntos en común y obviedades:

- Los sentimientos especiales que sentimos,
- Las vibraciones positivas que llenan nuestros espacios,
- La forma mágica en que responden nuestros corazones,

- Las reacciones sinceras que siguen a continuación, y
- El impacto inolvidable y duradero que tiene la excelencia en los humanos sigue siendo constante.

¿Cuáles son esos sentimientos, esas vibraciones positivas que llenan nuestro espacio y las respuestas del corazón de las que hablo? Espero que todo se aclare al leer este libro. Cada capítulo y anécdota de mi vida personal te motivará a pensar en la excelencia como nunca lo has hecho. Cada escenario y cada cita cuidadosamente seleccionada hará que reflexiones acerca de cómo tu vida podría tejerse fácilmente en algunas de estas páginas y, tal vez, extender algunos de los capítulos. Este libro los hará más conscientes de la excelencia, y estarán ansiosos de acercarse a ella tanto ustedes como los demás. Ese es el tipo de impacto que quiero generar.

Imaginate lo que podríamos generar en nuestros hogares, en nustras escuelas, comunidades y en el lugar de trabajo si hubiera una epidemia de excelencia. Imagina cómo sería trabajar con colegas u organizaciones si la excelencia impregnara la cultura de dichos lugares. Imagina cómo sería nuestra sociedad si tuviéramos la excelencia como un hábito mental, una forma de vida, o un modelo que fue heredado y será legado a la generación futura. Sé que suena un poco altanero, pero pienso en grande y creo que una chispa puede incendiar un bosque. Por eso escribo. Este libro es esa chispa.

Que cada sección que leas te anime a pensar en lo que significa la excelencia para ti. Que cada capítulo te inspire a encontrarla en los demás y elogiarlos sinceramente. A medida que leas, actúa proactivamente y resalta, habla, twittea, publica en tus páginas de redes sociales, busca y haz ruido al respecto. Y finalmente, espero que luego de haber leído este libro, los ojos de tu mente tengan una visión más clara de cómo se ve la excelencia para que juntos podamos vivirla, amarla, celebrarla en los demás y, lo que es más importante, en nosotros mismos.

Estoy emocionada de compartir mi versión de cómo se ve la excelencia contigo y deseo profundamente que tanto tu, como yo, hagamos todo lo posible para ser la mejor versión de nosotros mismos, siempre.

Aunque vivamos en un mundo que está cambiando, nosotros no siempre tenemos que hacerlo. ¡Juntos vivamos diferentemente!

Capítulo 1
¡No hay excusas!

⟨ ⟩

A considerar: *"Las excusas son las herramientas que emplean los incompetentes para construir puentes que conducen a ningún lado y monumentos de la nada."* [1]

Barack Obama

La excelencia y la excusa solo tienen tres cosas en común: la primera, segunda y tercera letras consecutivas en su grafía. ¡Nada más!

Las excusas son esas muletas que nos impiden ser y hacer lo que dijimos que haríamos y seríamos. Son como cuando nos cortamos con papel, cortes pequeños, pero que duelen como el infierno. Puedes tratar de ignorarlos, pero su presencia se hace sentir. Las excusas son las que hacen que los niños

---

1   AZ Quotes. N.d. accessed August 19, 2019,
https://www.azquotes.com/quote/878345

1

pierdan la confianza en sus padres, los empleadores piensen dos veces sobre si contrataron a la persona indicada y quienes están en pareja se pregunten si la relación irá a alguna parte. Las excusas no son para quienes aspiran a ser excelentes. Es así de simple.

Las excusas se asemejan a la incompetencia: "La calidad o el estado de tener un conocimiento, juicio, habilidad o fortaleza insuficientes para una tarea, trabajo o función en particular"[2] Cuando ponemos excusas o nos ganamos la reputación de personas que siempre tienen una excusa, lo que en esencia estamos comunicando es que no podemos emitir buenos juicios, no tenemos las habilidades o la capacidad para realizar lo que se nos pide, y no tenemos el conocimiento suficiente acerca de la tarea para realizarla con un estándar aceptable.

---

2 Merriam-Webster Online, "incompetent," accessed August19, 2019, https://www.merriam-webster.com/dictionary/incompetent

Poner excusas no esboza una imagen positiva. Es débil y poco atractivo. Es una buena manera de hacer que la gente te ignore o descarte lo que dices o incluso lo que tienes para ofrecer.

Recuerdo cuando una amiga prometió recogerme en el aeropuerto a una hora determinada. Luego de un largo vuelo, horas de espera y muchas llamadas telefónicas con ella sobre el horario acordado, llegó tarde y comenzó a arrojar una larga lista de excusas. Nada de eso importaba en mi mente. No había emergencia, enfermedad grave o circunstancia atenuante que le impidiese estar a tiempo. Lo único que tenía eran excusas. Si bien era una buena amiga, esto generó una tensión innecesaria entre nosotras. Yo estaba molesta, frustrada, y realmente no quería estar cerca de ella. Necesitaba darme tiempo. Si ella me hubiera comunicado que no llegaría a tiempo, podría haber tomado una decisión: ¿prefiero esperarla o hago planes alternativos? No tuve esa opción y no estuve a gusto con eso. En mi opinión, eso no fue excelente, aunque haya venido de una amiga. No se puede negar, las excusas tensan las relaciones, disminuyen nuestro valor y nos hacen perder valiosas oportunidades.

Esto es cierto, ningún matrimonio, negocio u organización exitoso se basa en excusas. Ningún médico puede convertirse en el Jefe de Personal o en el próximo Ben Carson (el neurocirujano afroamericano que separó a los gemelos unidos) inventando excusas. Ningún poeta puede tejer palabras hábilmente para transmitir mensajes que le hablen al corazón de la humanidad o convertirse en la próxima Maya Angelou (ex poeta, activista de derechos civiles, escritora y actriz) inventando excusas. Ningún educador puede desarrollar o expandir el arte de la enseñanza y el aprendizaje o convertirse en el próximo Jean Piaget (el psicólogo y filósofo suizo cuyo trabajo con el desarrollo y la educación infantil formó las tendencias del constructivismo: la creencia que el conocimiento y el significado se basan en experiencias personales) inventando excusas.

Ningún atleta puede perfeccionar su deporte, romper récords mundiales o convertirse en el próximo Michael Phelps (el ganador del récord de la medalla de oro olímpica dieciocho veces) inventando excusas.

Creo que se entiende el punto. Nadie se vuelve excelente inventando excusas. Nadie hace cosas notables, hazañas impactantes, o genera impresiones duraderas cuando camina en las calles, se sienta en el asiento o se recuesta en la cama de las excusas.

> *Nadie hace cosas notables, hazañas impactantes, o genera impresiones duraderas cuando camina en las calles, se sienta en el asiento o se recuesta en la cama de las excusas.*

Me imagino que la mayoría, si no todos nosotros, quisiéramos ser recordados por ser o hacer algo que valga la pena, incluso dentro de nuestras propias familias o esferas de influencia. Esto es admirable, y lo animo y apoyo de todo corazón. Creo que una forma para que esto suceda es desarrollar la disciplina en la que se dice lo que se quiere decir y simplemente se hace lo que se dice, y así: sin excusas. Sin importar qué tan desafiante pueda ser, no importa cuánto tiempo tome, no importa el costo, honra tus compromisos. La gente depende de nosotros, así que, como dice Nike, "¡Solo hazlo!"

Todos debemos trabajar para obtener el conocimiento, la habilidad y capacidad necesarias para cumplir con las tareas asignadas a nuestras manos. Nuestros hijos dependen de que seamos fieles a nuestra palabra. Nuestros clientes necesitan saber que conocemos los servicios que brindamos o los productos que vendemos y que podemos hacer bien nuestro trabajo. Nuestros compatriotas confían en que lo que se prometió durante la campaña electoral es lo que realmente se pretende hacer. Librarnos de excusas le enseñará a la próxima generación lo que significa ser confiable, responsable y competente.

Introspección: Si sientes que inventas excusas con frecuencia o si te das cuenta de que la gente te dice que dejes de inventarlas más veces de las que te gustaría, entonces considera tu forma de actuar. Esfuérzate para hacer un cambio. La excelencia y las excusas son como el agua y el aceite: no se mezclan. Simplemente no funciona.

Capítulo 2
Acepta los desafíos!

A considera: "*Nunca debes pensar en tus desafíos como una desventaja. En cambio, es importante que comprendas que tu experiencia al enfrentar y superar a la adversidad es en realidad una de tus grandes ventajas.*"[3]

Michelle Obama

Me dijeron que mi padre biológico se marchó cuando yo tenía tan solo ocho meses. Ahora, siendo una persona adulta, los detalles de su partida me parecen frívolos y fríos. El punto es que crecí sin él en mi vida. En cambio, me dejaron a la merced de un padrastro que hizo algo bueno (supongo), pero a fin de cuentas hubo más daño que cualquier niño debería soportar. Como adolescente y joven, tuve

---

[3] Brainy Quotes. 2019, acceso el 19 de agosto de 2019, https://www.brainyquote.com/quotes/michelle_obama_791363

problemas que no pude ni supe resolver. La desconfianza, el miedo y el resentimiento ocupaban los primeros lugares en la lista. Conectarme con mi familia actual en la iglesia y establecer mis propias relaciones espirituales me ayudó a "enfrentar la música" y superar lo que ha destruido a tantos otros. Ser abusado a cualquier edad, de cualquier manera y durante cualquier período de tiempo es algo terrible e inaceptable, pero estoy agradecida de que no haya sido el fin del mundo, al menos no para mí.

Hace unos cinco años, asistí a un taller en mi escuela dirigido por Barbara Coloroso, oradora y consultora de crianza, disciplina escolar, acoso y resolución de conflictos de manera no violenta. El mensaje clave de esa sesión sobre la justicia restaurativa fue simplemente este: *Aprópiate. Arréglalo. Aprende de ello. Avanza.*

La vida es algo que nos sucede a todos y, de forma activa o, como me sucedió a mí a los pocos meses, podemos caer en situaciones complejas´. El desafío puede ser debido a nuestras conexiones. Puede ser por nuestras asociaciones. Y puede estar o no basado en nuestras propias elecciones, sin embargo, Coloroso mencionaba

> *Yo creo que lo que hace que una persona se destaque por su excelencia durante estos tiempos, es su manera de lidiar con los desafíos -no una vez, ni dos, sino consistentemente.*

que podemos y debemos desempeñar un papel activo en nuestro proceso de curación. Debemos poner de nosotros para encontrar la solución y promover la restauración. Su presentación me trajo a la mente recuerdos de mi infancia y varias cosas que no muchos conocen. Sin saberlo, me di cuenta de que su estrategia era más o menos la misma que yo había aplicado para adquirir algún nivel de normalidad y cierta movilidad ascendente, más adelante en la vida. No, no podría nombrarlo así, pero la esencia era la misma. En ese entonces, no solo utilicé el marco de su mensaje, sino que es lo que intencionalmente uso hasta el día de hoy.

Encontrar desafíos en nuestras vidas personales, con miembros de la familia, en el ámbito laboral, en nuestras comunidades y en el mundo en general, es una realidad que siempre está presente. No hay forma de escapar de los desafíos, sin importar cuán buenas personas seamos, con quiénes estamos conectados, dónde vivamos, qué tenemos o quizás el más relevante: a quién conocemos. Yo creo que lo que hace que una persona se destaque por su excelencia actualmente, es su manera de lidiar con los desafíos -no una vez, ni dos, sino consistentemente. Escaparse de ellos no cambia nada. Lo intenté. Ignorarlos es ridículo. Lo intenté. Rumiar acerca de cómo y por qué sucedió es algo inútil. También lo intenté. Lo que hace la diferencia hacer lo que sugiere Barbara Coloroso: apropiarnos, arreglarlo, aprender de ellos y luego seguir adelante. Eventualmente hice esto.

Apropiarse–Asumir nuestra parte de responsabilidad en el desafío no siempre es fácil. Si indagamos lo suficientemente profundo, podemos encontrar que hay algo que deberíamos o no deberíamos haber hecho. Para mí, fue cargar con culpa, sentir que mi padre se había ido por algo que hice, o no reconocer que algunos de mis temores eran producto de su rechazo. Tuve que asumir la responsabilidad de esas cosas y ponerme a trabajar.

Arreglarlo–Hacer lo que podamos para arreglarlo. En otras palabras, renunciar a la mentalidad de víctima y ser parte de nuestra propia solución. Siempre hay algo que podemos hacer: aceptarlo, disculparse, hablar, buscar terapia, confrontar a la persona o, en mi caso, renunciar a mi padre y librarme de mi jaula autoimpuesta.

Aprender de ello–Aprender de cada experiencia es crucial. Esto es lo que nos guiará en el camino hacia la recuperación. Quizás la lección es qué no hacer de nuevo o cómo evitar que les suceda a otros. En mi caso, fue comprender que las personas desesperadas hacen cosas desesperadas. Mi padre tomó decisiones en función de dónde estaba mental, emocional y socialmente. Esto no cambia lo que hizo ni hace que lo que hizo esté bien, pero lo hecho, hecho está.

Seguir adelante–Saber cuándo seguir adelante es a menudo una postura difícil. Dejar ir de verdad requiere una mente resuelta y una voluntad fuerte. Convivir o seguir compartiendo el mismo espacio con quién creó el desafío hace que sea aún más difícil. Siendo lo anterior cierto, aún debemos cavar hondo, reunir el coraje y rezar para tener la fuerza para seguir adelante y dejar que lo pasado quede en el pasado. Para mí, fue un cambio en mi forma de pensar acerca del abandono de mi padre. ¿Qué cosa buena podría salir de eso? Bueno, tengo un fuerte sentido de quién soy, no me victimizo, puedo hablar por mí misma y he aceptado las cosas que no puedo cambiar.

Hace unos seis años (2013), me reconecté con mi padre biológico, y luego de algunas breves conversaciones acerca de su vida, de ese entonces y de ahora, creo que dejar ir y seguir adelante en mi mente fue una decisión sensata.

La vida tiene esta forma de sorprendernos, muchas veces de formas no tan gratas. Y no importa cuántas veces hayamos visto o escuchado acerca de cómo los trataron los demás, debemos experimentarlos por nosotros mismos para ver de qué estamos hechos realmente. Las personas que permanecen de pie luego de enfrentarse a un desafío: muerte de un ser querido, dolencia crítica, pérdida de propiedad o posesiones, traición, desempleo, malas elecciones por seres queridos, divorcios y cosas por el estilo, lo hacen, frecuentemente, con cicatrices y heridas que son la prueba de su victoria. Viven para pelear un día más, o como diría Michelle Obama, la adversidad se convierte en su mayor ventaja. Así es como se ve la excelencia y es lo que yo admiro.

Introspección: Al leer este capítulo, ¿te reconoces entre las palabras? ¿Podrías recordar momentos en los que te enfrentaste a una situación difícil y no permitiste que arruinara tu vida? Si es así, confío en que saliste sabiendo qué debés seguir haciendo y qué debes hacer diferentemente. Esto te preparará para el próximo desafío. ¿Y adivina qué? También lo superarás, porque eso es lo que hacen las personas excelentes.

Capítulo 3
Los pensadores, ¡piensan!

————— ◡ ✻ ◡ —————

A considera: *"El mundo tal como lo hemos creado es un proceso de nuestro pensamiento. No puede cambiarse sin que cambiemos nuestro pensamiento."* [4]

Albert Einstein

Los pensadores son personas que simplemente piensan. Involucran sus facultades mentales constantemente para resolver problemas, crear algo nuevo, hacer preguntas, desafiar el status quo, hacer ajustes, formar nuevas perspectivas, dominar tareas, examinar las posibilidades para tomar decisiones y prosperar en entornos donde casi cualquier cosa es posible, si se piensa bien. Las

---

4   Goodreads 2019, consultado el 19 de agosto de 2019,
https://www.goodreads.com/citas / 1799-the-world-as-we-have-created-it-is-a-process

personas excelentes son pensadores. Evitan la mera rumia y la exageración por el hecho en sí; reflexionan y se demoran sobre un tema para llegar a una solución informada al final.

En 2012, luego de unirme a la escuela donde actualmente trabajo, me di cuenta de por qué pensar es importante para todas las edades, muy especialmente para los niños. ¿Por qué? Porque los niños que piensan se convierten en adultos que piensan. Al estar en un aula de Bachillerato Internacional (IB) y de momento, en el equipo administrativo de la institución educativa, es mi responsabilidad asegurar que se fomente, valore y celebre el pensamiento crítico y lógico. Alentamos a los niños a pensar en lo que aprenden y en cómo pueden usar lo que han aprendido para mejorar el mundo que los rodea. Brindamos oportunidades para que ellos piensen acerca de cómo se conectan con los conceptos que exploran y cómo pueden utilizarlos para extender su propio conocimiento.

Les mostramos formas posibles de analizar situaciones y pensar en estrategias para resolver sus propios problemas. No les enseñamos QUÉ pensar, sino CÓMO pensar, procesar, evaluar y luego actuar. Me encanta. Me encanta verlos colaborar, compartir ideas y usar sus experiencias para formular nuevas perspectivas y, lo que yo llamo, "hacer crecer su pensamiento".

Es en mi aula en donde pensé muchas cosas maravillosas y en donde empujé a mis alumnos a hacer lo mismo. Al enfrentarnos con una situación, sea esta, juego sucio en el campo de fútbol, no haber sido invitados a una fiesta, la tarea incompleta o tener dificultades para comenzar un ensayo, es hora de pensar. No proporcioné inmediatamente las soluciones a estas preguntas o inquietudes; en cambio, hice más preguntas para ayudar a mis alumnos a atravesar sus propias trampas de pensamiento. Fue un buen ejercicio para ellos y mucho más para mí, especialmente al principio, pero la recompensa de ver a mis alumnos usar sus funciones ejecutivas para pensar detenidamente y ofrecer soluciones infantiles para sus propios problemas siempre fue una recompensa intangible pero invaluable.

Personalmente, pensar y articular mis propios pensamientos no siemprefue fácil, especialmente cuando a menudo me decían qué hacer, esperaba que alguien me dijera qué hacer, o incluso al encontrarme en compañía de personas que no eran pensadores. Me escapé, y la liberación que obtuve es incalculable.

Pero esta liberación no está tan extendida como podemos imaginarnos. ¿Has visto programas de entrevistas recientemente? Se ven lamentos y quejas y mucho de lo que los bahameños denominan "machacarse las encías" sobre cosas que bien se podrían cambiar pensando un buen rato. Parecería que aún a muchas personas les cuesta hablar acerca de sus problemas: quién tiene la culpa, por qué tienen la culpa, desde hace cuánto persiste el problema. La cuestión es que son muy pocos los que quieren pensar en cómo pueden convertirse en parte de la solución. No me malinterpreten: hay que hablar acerca de los problemas, ponerlos en primer plano y darlos a conocer, pero no deberíamos detenernos ahí.

Pensémos, creémos y colaboremos para resolver nuestros propios problemas. Somos los Gerentes Generales de nuestras mentes; ya no tenemos que esperar a que nos digan qué pensar. Tenemos el poder de hacer crecer nuestro propio pensamiento, y diariamente debemos elegir hacer exactamente eso: pensar.

> *Somos los Gerentes Generales de nuestras mentes; ya no tenemos que esperar a que nos digan qué pensar.*

Cuando mis hijos (ahora adultos jóvenes) me piden mi opinión sobre un asunto, mi respuesta es: "Primero dime lo que piensas tú". Hago esto tan a menudo que ahora dicen: "Mamá, está la situación. Esto es lo que pienso. ¿Qué te parece?" Esto me enorgullece. Quiero ver y saber qué están pensando en las decisiones que enfrentan y, francamente, qué piensan de la vida en general.

En mi opinión, los pensadores siempre están pensando; esto es lo que los hace excelentes.

Introspección: No tengas miedo de pensar. No dejes que los demás vuelquen todos sus pensamientos en ti hasta el punto que estés tan colmado de los pensamientos de los demás que no haya espacio para los tuyos. Nuestras mentes son como músculos; se fortalecen con el uso continuo. Cuanto más pensamos, mejor pensamos. Pensadores, sigan pensando.

Capítulo 4
Moral y Valores

A **considera:** *Hay una pregunta fundamental que todos debemos enfrentar. ¿Cómo vamos a vivir nuestras vidas? ¿Por qué principios y valores morales seremos guiados e inspirados?*[5]

H. Jackson Brown, Jr.

Suelo repetirme: "¿Cómo debemos vivir nuestras vidas? ¿Por qué principios y valores morales seremos guiados e inspirados? Qué pregunta tan compleja planteó Jackson Brown, Jr. Recuerdo una conversación con una mujer increíble por quien mantengo el mayor respeto. Ella y yo nos conectamos gracias a mi iglesia, y periódicamente tenemos exquisitas conversaciones sobre la vida en

---

5   Brainy Quote. 2019, accedido el 19 de agosto de 2019, https: //www.brainyquote. com / quotes ⁄ h_jackson_brown_jr_629137? src = t_principles

general. En una ocasión, compartió que al visitar un país por primera vez, notó las diferencias entre su país de origen y el lugar que visitó. ¿Fue Tailandia, Vietnam o tal vez fue Camboya? Sin embargo, la afirmación que hizo fue: "Hay muchas maneras de vivir". Suena simple, ¿cierto? ¿Puedo pedirte que lo leas de nuevo? Hay muchas maneras de vivir. Fue profundo para ambas, y hasta hoy permanece en el fondo de mi mente. El punto que estaba haciendo entonces era recalcar cómo viven las diferentes personas: normas culturales, uso de recursos, educación y supervivencia dentro de su localidad. A menudo, mientras recorro las rutinas de mi día, escucho o veo algo que desencadena recordatorios de nuestra conversación y, más aún, de su afirmación: "Hay muchas maneras de vivir". Para este propósito, siento la necesidad de hacer referencia a su afirmación y conectarla con la moral y los valores.

Podrás estar de acuerdo en que los altos estándares morales y el carácter y comportamiento respetables se están convirtiendo en una moneda poco corriente en la actualidad. Los límites se han ampliado y los valores se han redefinido casi hasta el punto de ruptura. Todas las opiniones y todas las doctrinas se presentan y aceptan sin cuestionarse. Sin embargo, me suscribo a la visión de que una vida sin límites está destinada a fracasar. Así es como vivo.

Cada uno de nosotros, voluntaria o involuntaria-

> *Una vida sin límites está destinada a fracasar.*

mente, decide qué estamos preparados para hacer, a dónde estamos preparados para ir, y a qué estamos preparados para acomodarnos, asociarnos y adaptarnos. Establecer parámetros personales termina definiendo el camino que tomaremos, proporcionándonos un punto de control para que analicemos, califiquemos y tomemos más decisiones sobre cómo será nuestra vida ahora y en el futuro. Es cierto que podemos acceder a todas las cosas, pero a la inversa es cierto que no todas las cosas son beneficiosas para nosotros. Debemos decidir.

Quien opera con excelencia es guiado por un conjunto interno de comportamientos, principios rectores, normas aceptadas o código de conducta, si se quiere. En general, estos evolucionan de una miríada de lugares: educación familiar, afiliaciones, observaciones e influencias en puntos críticos de nuestras vidas. A través de la práctica continua, se establecen como una parte intrínseca de quiénes somos. Nos reconocen por estos valores. Nos clasifican por estas creencias. Incluso podemos ser elogiados por nuestros altos estándares morales. Esto es cierto para una persona de excelencia.

A los cuarenta y seis años, he intentado algunas cosas y me doy cuenta de que, si bien todos tenemos que tomar decisiones, algunas decisiones conducen a una mejor calidad de vida (aunque solo en nuestra opinión). Durante años, he establecido y continúo aferrándome a los valores que se han convertido en sinónimo de quién soy. En 2004, luego de asistir a un servicio religioso, escuché que el Espíritu Santo me decía más claro que cualquier voz audible: "Eres una ganadora." Luego de tal declaración, le hice una pregunta: "¿Qué quiere decir eso?" De nuevo, esto es lo que escuché: "Eres una ganadora porque:

Trabajas duro

Inspiras a otros

Nunca te rindes

Nunca pierdes el rumbo

Estás ansiosa por aprender

Te rehusas a ser mediocre"

Desde ese día, este concepo de GANADORA se ha convertido en parte integrante de mi reloj interno, impulsandome a diario. Mi ética de trabajo, mis modales, mi autoestima, estándares personales y funcionamiento en general, junto con los principios de mi fe, se han unificado para explicar por qué me veo a mi misma como una ganadora.

¿Perfecta? No. ¿Podría haber hecho algunas cosas de manera diferente? Absolutamente. ¿Desearía poder borrar algunas escenas de mi pasado? Definitivamente. ¿Destaqué cuando niña entre compañeros y en el trabajo de una manera positiva? Quiero creer que si. ¿Me esfuerzo diariamente para convertirme en una mejor versión de mí misma? Con todo mi corazón.

Ser una ganadora no significa que nunca haya experimentado pérdidas. Todo lo contrario. Sin embargo, lo que hacemos con esa pérdida es lo que hace la diferencia. Las personas excelentes no se definen por lo que han perdido o por cuántas veces han perdido, sino por lo que han ganado con sus pérdidas. Nuestra moral y valores están moldeados por estas experiencias. Se convierten en parte de la brújula que nos guía hacia nuevas experiencias, lugares y relaciones. Proporcionan la inspiración necesaria en diversas coyunturas de la vida y nos desafían a ser fieles a los estándares, los límites y las características que hablan de una moral elevada y valores respetables.

Nos hacen mejores y contagian a aquellos con quienes tenemos la suerte de relacionarnos. Es cierto que hay muchas formas de vivir, y las personas excelentes viven según la moral que los complementa, refina e inspira a ellos y con suerte a los demás.

Introspección: Ser excelente significa tener altos estándares y un sistema de valores sólido que aporten una mejor calidad de vida a ti y eventualmente a los demás. ¿Cuáles son algunos de los modales o valores que tus padres te han enseñado o que predicaron con el ejemplo? ¿Vale la pena aferrarse a ellos? A medida que atraviesas la vida, ¿hay experiencias, encuentros o interacciones que te hayan hecho repensar o reevaluar quién eres o en quién te estás convirtiendo? La próxima vez que te pares frente a un espejo, mírate (no físicamente); pero accede a tu alma y honestamente busca los valores y la moral con la que te identificas. ¿Te hacen sentir bien? ¿Engendran en ti un sentido de orgullo propio? ¿Estás satisfecho de que eres lo mejor que puedes ser? Si es así, sigue adelante. Si no, entonces la pelota está en tu cancha. Espero bateés un jonrón, ¡por ti esta vez!

Capítulo 5
¡La planificación lo es todo!

────── ⊂ ⟡ ⊃ ──────

A considerar: *"No planificar es planificar el fracaso."* [6]
Alan Lakein

Cuando escuché por primera vez esta cita, me sorprendí y a la vez me resultó curiosa. Empecé a cuestionarme. ¿En qué fallé? ¿Acaso fallé por falta de planificación? Para ser sincera, en algunos casos, debo confesar que si. No planifiqué una lección para mi clase, por lo que puse a mis alumnos en desventaja. No planifiqué mi presupuesto de gastos, así que gasté demasiado y tuve que hacer sacrificios adicionales. No planeé en dónde me ubicaría durante

Brainy Quote.2019, consultado el 19 de agosto de 2019,
https://www.brainyquote.com/quotes / alan_lakein_154654

el huracán, así que nos quedamos sin comida. No planifiué la duración del viaje desde casa a mi cita, por lo que me quedé atrapada en el tráfico. No planifiqué una reunión de negocios, así que cuando me hicieron preguntas particulares, no pude responder con claridad. Era cierto: en las situaciones en las que fallaba, la falta de planificación era un factor contribuyente.

La planificación sugiere compromiso, estar presente y, por supuesto, pensar. La vida simplemente no es algo que nos sucede a nosotros; sucede con nosotros. Tenemos que ser participantes activos, dispuestos y, hasta podría agregar, participantes informados.

Si queremos lograr cualquier cosa, no importa cuán pequeña o grandiosa sea, alguna forma de planificación es necesaria. ¿Vas a la tienda?

Planifica lo que necesitas comprar y cuánto gastarás. Ahorrarás unos pocos dólares, de esto estoy segura. ¿Quieres obtener ese título? Planifica cuánto tiempo, finanzas, sacrificios, personas y otros recursos serán necesarios. Esto hará que la vida sea más manejable y te ayudará a enfocarte en el aprendizaje. ¿Deseas formar una familia? Planifica quién estará involucrado y qué se espera de ti a corto y a largo plazo. Esto es importante, ya que los niños requieren una mayor inversión de nuestro tiempo, recursos y atención, por decir lo menos. El rango de estos ejemplos va desde lo simple hasta lo complejo.

Algunas de estas situaciones son las que yo llamo "una y a otra cosa", lo que significa que lo haces una vez y se acabó; hay otras que requieren más involucramiento a largo plazo, compromiso y planificación continua, paso a paso, día a día, planificación y re-planificación. Esencialmente, no importa cuán simple o compleja sea la tarea u objetivo, la planificación debe ser una prioridad.

Uno de los mayores beneficios de la planificación es la productividad. Esto lleva a resultados. Soy mi mejor versión cuando soy productiva. Tengo una sensación de realización y, podría agregar, satisfacción, cuando reflexiono al final de un día escolar y asimilo todo lo realizado: los miembros del equipo que he ayudado y el progreso hecho en un proyecto importante. La planificación ayuda. A medida que planificamos, podemos visualizar todo lo que se necesita, dónde es necesario realizar ajustes y, finalmente, dónde está el éxito. La planificación nos ayuda a ser más reflexivos, lo que puede significar la diferencia entre aprender y crecer o repetir los mismos errores una y otra vez. Esto equivale a fracasar.

La planificación para el éxito es importante y, en mi opinión, representa y exige un grado de excelencia. Después de leer la cita de Benjamin

Plantificar para tener éxito, es, para mí, tener éxito en la planificación.

Franklin, me volví más intencional y centrada (no

34

perfecta) a la hora de planificar. Necesitaba reducir mis fracasos y aumentar mis oportunidades de éxito. Todos deberíamos aspirar a esto, especialmente si la excelencia a lo que queremos llegar. No estoy sugiriendo que, al planificar, cada mínimo detalle suceda exactamente como queremos. No podemos controlar eso. Sin embargo, lo más notable es que la planificación proporciona un gran sentido de orientación: como un GPS si se quiere. Y si la vida nos desvía (como inevitablemente sucede en algún momento u otro), es más fácil encontrar el camino. La planificación aporta organización, estructura y dirección a nuestras vidas. Nos ayuda a dar sentido a la vida que queremos vivir. Al final, planificar para tener éxito, es, para mi, tener éxito en la planificación. Eso es lo que hacen las personas excelentes.

Introspección: Si planificas a menudo; si al menos piensas en lo que podría estar involucrado al tomar una decisión en particular, y si tienes la intención de considerar los factores que podrían ayudar u obstaculizar el logro de una meta, no importa cuán simple o complejo, tienes excelencia en tu ADN. Perfecciona esta habilidad. Planifica más. Sé activo y participa en tu propia vida y si tienes inferencia sobre otros, te animo a planificar para ellos también. Apreciarán tu pensamiento de antemano, teniendo en cuenta su bienestar; y simplemente preparándolos para su éxito.

Capítulo 6
¡ Gestionarlo

A considerar: *"Será la vida quien discipline y enseñe a quien se niega a administrar y a disciplinar su cuerpo."*[7]

Sunday Adelaja

Mi esposo a menudo me cita: "Cualquiera puede obtener dinero, riqueza o bienes, pero la persona que me impresiona es quien sabe manejarlo todo bien". Ya hemos visto esta película demasiadas veces, y si bien no se aplica para todos, esta escena es lo suficientemente común como para que la tengamos en cuenta. Un atleta firma un contrato de un millón de dólares, una persona hereda una

---

7   Goodreads.2019, consultado el 19 de agosto de 2019, https: //www.goodreads.com / quotes / search? Utf8 =% E2% 9C% 93 & q = A + persona + quien + rechazo- es + para + administrar + a sí mismo + y + disciplina + su + carne + será + será + disciplina + + + enseñado + por + vida + en sí mismo & commit = Buscar

fortuna, o el afortunado ganador de la lotería obtiene una asombrosa cantidad de dinero de la noche a la mañana. Entonces, sucede lo casi predecible: noches interminables en la ciudad, días sin fin de vida desenfrenada, vacaciones a tope aquí y allá, casas elegantes y autos haciendo juego en numerosos lugares, y más de las últimas modas y tendencias. Los excesos y los extremos abundan en todas las formas posibles; esencialmente, estas personas abusan del concepto de la "buena vida". Entonces sucede: se cae el cielo. Alguien tira de la alfombra en la cual están parados. Los cielos antaño azules y las noches estrelladas se convierten en días nublados y olas tormentosas.

La vida se les esfuma. El antiguo atleta favorito y popular, el ícono y magnate rico que alguna vez fue idolatrado, el antiguo excéntrico y emocionante ganador del premio gordo que tenía demasiados nuevos amigos y familiares está en bancarrota. A todos ellos les queda saborear los momentos de ayer, la vida que una vez fue. Eso no sucede con las personas excelentes. Son buenos gestionando, buenos administradores de aquello a lo que tienen acceso y de aquello que les ha sido otorgado.

Creo que las personas excelentes son autogestores intencionales. Manejan cómo invierten su tiempo, talentos y recursos. En mi opinión, también están involucrados en iniciativas filantrópicas y realmente entienden la importancia de gastar algo, ahorrar algo y dar algo. Ellos tienen un plan de contingencia para los inevitables de la vida y tienen múltiples flujos de ingresos para evitar vivir de un sueldo a otro o quedar encerrados en un trabajo que no les importa. Han visto, escuchado o experimentado lo suficiente como para saber que el acceso de hoy no garantiza la disponibilidad del mañana. No funcionan pensando que las cosas les llegan porque es así como debe ser; en cambio, se ganan la vida. Ellos no sienten que el mundo les debe algo solo por ser quiénes son o por el lugar donde nacieron. Se dan cuenta de que no es responsabilidad de nadie más que de ellos mismos administrarse, luego de que les sucede la "vida". Las personas excelentes son auto disciplinadas; en consecuencia, no necesitan dar múltiples pasos en falso: atravesar innumerables catástrofes o numerosas cuasi-fatalidades cercanas para llevarlos a una vida disciplinada. Lo hacen por y para sí mismos. Es una decisión personal que es reflexiva, centrada y decidida.

> *Las personas excelentes se disciplinan voluntariamente.*

No me malinterpreten, permítanme apresurarme a decir que administrar para mí no se trata solo de finanzas. También me refiero a personas que gastan miles de dólares en la casa de sus sueños y luego no la mantienen (por ejemplo, no arreglan las goteras o no la limpian regularmente). Se trata de cuando a uno le regalan ropa muy bonita y no la cuidan (ej. cosiendo el dobladillo o lavándola adecuadamente). Se trata de tener hijos y no criarlos apropiadamente para este mundo complejo (por ejemplo, enseñándoles autocontrol y moderación). Se trata de tener relaciones con amigos, colegas o un cónyuge y no mantenerla, (por ejemplo, rezando por ellos o ayudándolos siempre que se pueda). Se trata de comprender que solo tenemos un cuerpo y aún así no cuidarlo (por ejemplo, comiendo bien, descansando y haciendo ejercicio). Se trata de gestión en todos los sentidos de la palabra.

Lo que sea que tengamos, las personas excelentes se esfuerzan por administrarlo bien. Nuestros asuntos, familias, relaciones y los recursos con los que hemos sido bendecidos, a los que tenemos acceso, nos hemos ganado o que nos han sido confiados, son valorados y utilizados en toda su extensión. Es como preservamos lo que es importante. Es nuestra forma de vivir la vida con equilibrio y satisfacción. Y es nuestra forma de vivir nuestra mejor vida, todos los días durante el mayor tiempo posible. Si nos negamos a administrar lo que tenemos y a nosotros mismos, entonces, como sugiere Adelaja, la vida eventualmente lo hará por nosotros.

<hr>

Introspección: ¿Qué has perdido antes de lo que pensabas que lo harías? ¿Qué relaciones crees que aún podrían seguir existiendo si las hubieras manejado de manera diferente? No todo está perdido. Deja que el pasado permanezca allí, en el pasado. Todavía tienes algo que vale la pena administrar: a ti mismo. Tómate el tiempo para administrarte bien. Piensa en qué sistemas necesitas establecer o qué relaciones deben cortarse o reactivarse. Piensa en qué mentes, hábitos y actitudes posees que realmente debas abandonar. Tómate el tiempo para ser excelente contigo mismo primero y, a partir de entonces, comprométete a administrar lo que está en tus manos.

VIVIR *Diferentemente!*

Capítulo 7
¡La comunicación es clave!

A **considerar:** *"Aprovecha todas las oportunidades para practicar tus habilidades de comunicación para que cuando surjan ocasiones importantes, tengas el don, el estilo, la nitidez, la claridad y las emociones para afectar a los demás."* [8]

Jim Rohn

Con la evolución de la tecnología y, por extensión, las redes sociales, el arte del lenguaje hablado quedó bajo ataque. De hecho, surgió un nuevo lenguaje: mensajes de texto. ¿El resultado? Nuevas palabras, nueva ortografía y más

---

[8] Brainy Quote. 2019, consultado el 19 de agosto de 2019, https: //www.brainyquote. com / quotes / jim_rohn_165073

abreviaturas. Lo que también surgió junto con los mensajes de texto fue la disminución de los diálogos orales, menos conversaciones cara a cara y menos contacto físico. Esta forma diferente de comunicación no es del todo mala, pero, desafortunadamente, la conversación oral ha disminuido, lo que significa que esta habilidad importante no se está desarrollando como sabemos que podría y debería. Significa que perdemos:

- La belleza de leer las señales sociales;
- Escuchar tonos de mensajes y voces distintas;
- Visualizar gestos físicos;
- Experimentar cómo la boca, la mente y el corazón trabajan en conjunto para expresar ideas y sentimientos; y
- Oportunidades para practicar habilidades de escucha activa.

Estos son algunos de los componentes clave de una comunicación activa.

Viajé a St. Louis, Missouri, en junio de 2019 para una conferencia sobre educación. En este viaje en particular, no pude evitar notar lo obvio. Casi que se ha convertido en parte de nosotros cuando viajamos, especialmente en aeropuertos, trenes y autobuses. Tan frecuente es que apuesto a que mucha gente no piensa mucho acerca de eso ahora. Oigo la pregunta: "¿De qué estás hablando?" Me alegra que hayas preguntado. Bueno, cuando bajé y caminé desde la puerta del avión hacia el aeropuerto, me encontré con una multitud de personas esperando para abordar el mismo avión que acababa de desembarcar. Me escabullí en un rincón cercano para esperar a un colega. Fue el lugar perfecto. Podía ver todos los ángulos de la explanada, incluso entre la tienda de comida gourmet para llevar, dos restaurantes, las cafeterías y un rincón para libros estratégicamente ubicado. Lo vi. Casi todas las cabezas estaban inclinadas, fijadas y ensimismadas

> *La gente tiene menos conversaciones cara a cara.*

en un dispositivo u otro. Una computadora, un iPad o un teléfono celular proporcionaron un escape y una oportunidad para desconectarse total o parcialmente de las personas a su lado o de lo que sucedía a su alrededor. Las más de 100 cabezas gachas se comunicaron de forma alta y clara: "Estoy desconectado y no quiero que me molesten". ¿Has notado esto? Las personas en el restaurante estaban metidas en sus teléfonos. Las personas que trabajaban en el rincón del libro estaban con sus teléfonos. Las personas que esperaban en fila estaban metidas en sus dispositivos. Ninguno de ellos estaba hablando.

No podemos negarlo; si lo comparamos con los últimos 10-15 años, las personas mantienen menos comunicaciones cara a cara. Ese día en el aeropuerto, me di cuenta de que las conversaciones se limitaban a unas palabras con el cajero acerca de un pedido y la factura posterior, una madre que hacía señas a un niño para que se quedara quieto, y, por supuesto, los agentes de la aerolínea anunciado a gritos la llegada o salida de vuelos a través del sistema de altavoz. Para mí, fue desalentador porque sé el valor que tiene el lenguaje hablado.

Como una persona volcada al ámbito de la educación, esto me preocupa porque sé de primera mano lo importante que es esta habilidad para la vida y por qué perfeccionarla hace la diferencia entre un estudiante/comunicador promedio y uno excelente. Como administradora, conduzco entrevistas, evaluaciones y reuniones de planificación, y me entristece el nivel de incomodidad y el esfuerzo que significa para muchos adultos comunicar sus pensamientos de forma oral. Este no es el caso de las personas excelentes que, en mi opinión, tienen buena comprensión de la comunicación escrita, pero también son personas comprometidas, enfocadas, claras y simplemente transmiten sentido cuando se comunican oralmente.

Hace más de quince años, me uní a Toastmasters International. Los principios centrales del programa son perfeccionar las habilidades de comunicación y liderazgo de sus miembros. Lo que realmente me gusta de este programa es que enseña las dos habilidades antes mencionadas experimentalmente, lo que significa que aprendimos a ser mejores oradores/comunicadores al hablar en cada reunión, ya sea en el rol del *grammarian*, al responder a una declaración o pregunta improvisada, o dando un discurso formal. No era una opción. Todos los miembros tenían que hablar en público. Fue allí donde aprendí a recibir comentarios constructivos y mejorar mi oficio. Estoy agradecida a Toastmasters International y su visión para mejorar la comunicación oral.

Las personas excelentes practican diariamente sus habilidades de comunicación oral. Al comprender el poder de sus palabras, buscan expresar efectivamente sus sentimientos, comunicar sus ideas, ampliar su vocabulario y mejorar la claridad y el estilo general de su comunicación. Debemos alentarnos mutuamente a desconectarnos de nuestros dispositivos de vez en cuando; de esta manera, las comunicaciones orales no morirán en nombre del avance.

Introspección: ¿A veces te es difícil formular tus pensamientos y expresarlos para que las personas los entiendan? Entonces, practica. Practica. Y luego practica un poco más. Primero habla con quienes te sientas cómodo y luego anímate a ir por más. Obtén comentarios y usalos. *Eso es lo que hace la gente excelente.* Al final, tendrás lo que Jim Rohn llama el don, el estilo, la nitidez, la claridad y las emociones para afectar a los demás. La calidad del lenguaje oral puede haber disminuido, pero su importancia no debe disminuirse.

VIVIR *Diferentemente!*

Capítulo 8
Flexible. Adaptable.
Ajustable.

———— ◁ ⚜ ▷ ————

A considerar: *"La capacidad de reconocer oportunidades y moverse en direcciones nuevas y a veces inesperadas, te beneficiará sin importar tus intereses o aspiraciones."*[9]

Drew Gilpin Faust

Las personas excelentes no se agotan, descarrilan ni se descomponen con facilidad. Han aprendido el arte de la flexibilidad, adaptabilidad y ajustabilidad, y lo hacen casi en un abrir y cerrar de ojos. Sus mundos no se desmoronan en el momento

---

[9] Brainy Quotes. 2019, acceso el 19 de agosto de 2019, https://www.brainyquote.com/quotes / drew_gilpin_faust_645247? src = t_aspirations

en que sus planes salen mal. Pasan de un modo a otro de forma rápida y frecuente. No cavilan sobre lo que podría haber sido o debería haber sido. Las personas excelentes saben que planificar es importante, pero también son lo suficientemente inteligentes como para darse cuenta de lo inevitable: aquellas cosas que suceden sobre las cuales no tenemos absolutamente ningún control. Piensa en el auto que no arranca una mañana, un ser querido que se enferma repentinamente, el vuelo que se demora, el accidente en la carretera que retrasa el tráfico por horas o el clima que empeora. Estas son cosas que no controlamos ni podemos controlar. Entonces, ¿qué debemos hacer cuando suceden? Ajustarnos. Adaptarnos. Ser flexibles.

Ajustarse es emocionalmente difícil. Significa que tenemos que hacer cosas que seguramente nos harán sentir incómodos: estirarnos, hacernos crecer, quizás incluso lastimarnos. Piensa en lo que se require para adaptarse de ser una persona soltera a convertirse en una persona casada. Piensa en lo que se precisa para adaptarse de no tener quien dependa de ti a convertirte en padre o madre de uno, luego de dos o incluso más hijos. Piensa en lo que se necesita para educar a un niño en casa durante doce años y luego enviarlo a la universidad en otro país. La sola idea de estos escenarios puede crear un nivel de inquietud en el interior; sin embargo, muchos de nosotros hacemos los ajustes porque a menudo es lo mejor o incluso lo correcto.

Adaptarse es un desafío mental. Significa que funcionas donde te necesitan y haces lo que debe hacerse, incluso cuando todo dentro de ti grita lo opuesto. Requiere una voluntad fuerte y una disciplina que creo que las personas excelentes poseen. Piensa en la familia que debe adaptar su presupuesto para acomodarse a un salario de cuatro cifras cuando estaban acostumbrados a uno de seis cifras. Se necesita adaptabilidad para cambiar de un estilo de vida de comer cualquier cosa a convertirse en vegetariano por razones de salud. Seguro que se require adaptabilidad para abandonar tu país de origen y trasladarte a otro involuntariamente, ya sea por guerras o disturbios sociales o políticos. Aunque sea mentalmente estresante, las personas lo hacen todos los días, y a menudo, es lo mejor que se puede hacer o incluso lo correcto.

Ser flexible requiere muchos sacrificios. Significa maniobrar, acomodarse y tener la voluntad de cambiar, probar algo nuevo y, en algunos casos, convertirse en alguien diferente. Pienso en el gerente del hotel que sale de su oficina para unirse al equipo de limpieza para hacer las camas previo a la llegada de los huéspedes. Pienso en la amiga que cambió su ruta de ida y vuelta a su trabajo durante los últimos tres meses para darle un aventón a un colega cuyo vehículo fue embargado. Pienso en los miembros del equipo que deciden reducir sus salarios para asegurarse de que ningún empleado pierda su trabajo. Hay personas que realizan actos similares como estos todos los días, no porque sea fácil, sino porque entienden que hacer sacrificios es lo mejor o incluso lo correcto.

Al acercarme a casa, tengo buenos recuerdos de cuando comencé a desarrollar estos rasgos. Recuerdo las veces cuando mis hijos eran más pequeños; ellos llegaban a casa queriendo hablar sobre las cosas importantes que sucedieron en sus pequeños mundos. Yo tenía que preparar la cena, mochilas y bolsos, ayudarlos con la tarea, y la lista continua. A veces, realmente no quería escucharlos, pero de todos modos les presté atención y me compenetré con lo que me contaban. Era importante. Recuerdo haber ido a una clase para observar la lección de una colega, y luego supe que ella tenía una niña enferma en casa y que no había dormido en toda la noche. Yo tenía trabajo que hacer y muchas más observaciones que realizar, pero sin embargo, reagendé las observaciones y le permití ir a lidiar con sus preocupaciones inmediatas. Era importante. Una amiga necesitaba desahogarse con alguien, pero yo estaba ocupada tratando de cumplir con un plazo.

Deseé que llamara más tarde, pero me hice el tiempo para escucharla. Era importante. Un miembro del equipo y yo compartímos espacio en una radio. Él tenía el segmento de la tarde y yo el de la mañana. Yo estaba preparada, tenía todo pronto con el DJ y estaba programada para estar en la radio en vivo en diez minutos. Justo antes de entrar en vivo, mi colega me envió un mensaje de texto pidiendo el cambio, porque tenía un compromiso importante que chocaba con su horario de la tarde. Esto interrumpía mi agenda y significaba que tenía que reorganizar algunas cosas, pero mi respuesta fue sí. Era importante.

¿Te has dado cuenta de cómo usé las palabras "era importante" varias veces? He aprendido que cuando alguien o algo es importante, a menudo, nos ajustamos, nos adaptamos y nos volvemos más flexibles.

Si bien muchos de nosotros hacemos el sacrificio, debes saber que esto no es automático. Para que esto suceda, debe haber, en mi opinión, un sentido y una actitud de desinterés, humildad y fuerza. Esto, mi querido lector, es lo que hace la gente excelente.

<hr/>

Introspección: La vida está llena de eventos ineludibles, cosas que son impredecibles y no nos dan ninguna advertencia. Ocurren en sus propios horarios y rara vez se detienen para pensar si éstos se alinean o no con los nuestros. Nuestra respuesta es adaptarnos y ajustarnos rápidamente; permanecer de

10 Brainy Quote. 2019, consultado el 19 de agosto de 2019, https://www.brainyquote.com/quotes/charles_r_swindoll_388332

otro modo quieto, estancado y paralizado puede crear pérdidas en muchos niveles y en muchas áreas. Charles R. Swindoll lo expresa de esta manera: la vida es el diez por ciento de lo que te sucede y noventa por ciento de cómo reaccionas a él.[10] ¡Sé flexible!

> *Cuando alguien o algo es importante, a meundo nos ajustamos, nos adaptamos y nos volvemos mas flexibles.*

Capítulo 9
Sé dueño de tu espacio, Propósito y Rol

A considerar: *"Nos preguntamos: '¿Quién soy yo para ser brillante, hermoso, talentoso, fabuloso?' En realidad, ¿quién no eres para serlo?"* [11]
Marianne Williamson

Cuando entres en una habitación, aduéñate de ella. Cuando hayas estudiado, entrenado y te hayas preparado para un rol, aduéñate de él. Cuando tengas experiencias, expericia y habilidades en un área determinada, aduéñate de ella. ¡Es tan simple como eso! Lo que hace que la gente excelente se destaque

11 Goodreads.2019, consultado el 19 de agosto de 2019, https://www.goodreads.com/autor / citas / 17297.Marianne_Williamson

en mi mente es su nivel de confianza (no arrogancia) en su área de especialidad. No solo tienen confianza, están preparados, bien versados, continúan creciendo y son aprendices de por vida. Las personas excelentes poseen su espacio, conocen su propósito y funcionan eficazmente en sus roles, sin disculparse por ello.

Ser dueño de tu espacio, propósito y función significa que sabes lo que quieres y cómo lo conseguirás. Significa funcionar desde donde encuentras un mayor grado de compromiso, dedicación y calidad que se destaca de manera positiva. Significa que sabes cuáles son tus puntos fuertes y qué contribuciones puedes hacer. Significa que crees en ti mismo y te presentas de tal manera que otros quieran hacer lo mismo.

Las personas excelentes trabajan duro, y se nota. Gastan tiempo, recursos y talento para la simple satisfacción de completar la tarea. Estar pendiente del reloj, haciendo solo lo que se espera y observando lo que otros están haciendo o no haciendo es ajeno a ellos. Están allí y hacen el trabajo. Una persona que, en mi opinión, hace esto bien, es mi madre, Pandora Beatrice Munroe Williams. Ella no recibió una educación universitaria, pero siempre tuvo un trabajo. Ella nunca recibió un salario que le permitiera presumir, pero siempre lo hacía rendir. Le encantaba trabajar e incluso iba a su lugar de trabajo cuando no estaba en su mejor estado de salud. Ella habla interminablemente del trabajo que hizo como funcionaria y

> *Ser dueño de tu espacio, propósito y rol significa que sabes qué quieres y cómo lo conseguirás.*

de las personas a las que ayudó a diario. Se enorgullece de su trabajo, toma en serio el cumplimiento de las reglas y nunca quiere ser cuestionada sobre anomalías, especialmente porque se ocupaba de fondos públicos. Ahora que se jubiló este año (2019), puedo decir que una de las lecciones que aprendí de ella es su valor por el trabajo duro y las alegrías que recibió por ello.

Las personas excelentes son apasionadas, y se nota. Disfrutan lo que hacen física, mental y emocionalmente. Su satisfacción es evidente y contundente, e impregna su espacio. La gente lo ve, lo siente y lo sabe en el momento en que entra en una habitación y al momento en que entablan una conversación con ellos. La pasión brota de ellos. Otra de esas personas es mi pastor, el Obispo Neil Ellis, de las soleadas costas de las Bahamas. Su trabajo como pastor, maestro, activista comunitario y líder global reboza de pasión más allá del promedio. Como feligrés de su ministerio durante más de veinte años, he llegado a admirar su don de gente, aunque se siente con reyes y presidentes. Su habilidad para inspirar crecimiento y progreso con solo una conversación genera potencial y posibilidades. Sus mensajes desde el púlpito son sinceros, relevantes y salpican verdades que a veces duelen y sanan al mismo tiempo. Lleva más de treinta años en el pastorado, y no he visto disminuir su pasión por el bien de su pueblo, la calidad de su vida o el avance de su trabajo; todo lo contrario, continúan en ascenso. De él aprendí que las personas excelentes son innovadoras, evitan la previsibilidad y dan lo mejor en cada tarea, sin importar cuán mundana o cuánto tiempo hayan estado involucrados.

Las personas excelentes son enseñables, y se nota. Es posible que sepan mucho sobre áreas específicas, especialmente aquellas relacionadas con su profesión, pero todavía están motivados a aprender más, a hacer más y ser más. No se limitan a un título laboral o un departamento específico. Les encanta aprender y están abiertos a ampliar su base de conocimientos, su ámbito y su alcance. Ven el aprendizaje como una herramienta empoderadora, para el desarrollo, comercialización y preparación

65

de su próxima oportunidad. Este era mi enfoque mientras estaba en la universidad completando mi grado. Obtuve un trabajo a tiempo parcial en una pequeña escuela privada porque quería obtener experiencias prácticas y de la vida real muy temprano en mis estudios. Fue más trabajo para mí, pero quería observar y trabajar con maestros experientes, hacer preguntas y dirigir lecciones y obtener comentarios para mejorar mi oficio. También recuerdo usar tiempos de descanso de la universidad (por ejemplo, vacaciones de invierno y primavera que fueran distintos de los horarios escolares regulares) para articular con las escuelas públicas. Los maestros estaban felices de tenerme como voluntaria, y yo estaba feliz de observarles mientras me preparaba para mi práctica de enseñanza formal. Una vez que completé mi licenciatura y fui contratada como maestra de tiempo completo, recuerdo haber pasado mucho tiempo hablando con administradores y líderes en educación. Quería aprender cómo funcionaba el sistema desde su perspectiva y, por supuesto, me ofrecí a ayudar siempre que pudiera. Aproveché cada oportunidad para aprender nuevas habilidades y asistir a talleres de desarrollo profesional, e incluso asumí responsabilidades adicionales que no tenían una compensación monetaria ni estaban directamente relacionadas con la descripción de mi trabajo. En mis primeros tres años de enseñanza, trabajé como líder de equipo de nivel de grado, mentor para nuevos maestros, líder de distrito para un programa nacional de alfabetización y facilitador de talleres. Hasta el día de hoy, sigo operando de esta manera. Creo que ser apasionado, trabajador y enseñable son signos de excelencia, y me esfuerzo por modelar los tres de manera sistemática.

Introspección: Estas palabras de Colin Powell lo resumen maravillosamente:

- "Si vas a alcanzar la excelencia en las grandes cosas, debes desarrollar el hábito en las pequeñas"
- La excelencia no se puede ocultar; se nota.
- La excelencia no se olvida fácilmente; las personas recuerdan.
- La excelencia es un hábito; es quien eres por dentro.
- La excelencia no es tan común; se destaca.
- La excelencia es intencional; no es una cuestión de casualidad.
- La excelencia es una mentalidad; no es una idea de último momento.
- La excelencia no es una excepción; es una actitud predominante "[12] ¡Poséela!

---

12 Brainy Quote.2019, consultado el 19 de agosto de 2019 https://www.brainyquote.com/quotes / colin_powell_138130

Capítulo 10
¡Respeta el tiempo!

A considerar: *"Tiempo = vida; por lo tanto, pierde tu tiempo y pierde tu vida, o domina tu tiempo y domina tu vida."[13]*

Alan Lakein

Una de las cosas que más me molesta es perder el tiempo o, lo que es peor, que la gente pierda mi tiempo. Algunas personas se molestan cuando escuchan a una persona hablar en exceso; algunos se disgustan cuando alguien les quita algo que les pertenece sin permiso; algunos incluso se alteran cuando reciben un mal servicio en un restaurante.

---

13 Goodreads.2019, consultado el 19 de agosto de 2019,
https://www.goodreads.com/citas / 784266-tiempo-igual-vida-por lo tanto-desperdicio-tu-tiempo-y-desperdicio-de

Estos también están en mi lista, pero perder el tiempo está en el primer escalón. Creo que es importante respetar el tiempo, tu tiempo y el de otros.

Estoy segura de que hemos escuchado decir una y otra vez que el tiempo es fugaz o que el tiempo no se puede recuperar una vez que se ha ido. Entonces debería tener sentido que tu y yo veamos el tiempo como algo preciado, sagrado y tan valioso que necesita ser respetado, atendido y maximizado; porque desafortunadamente, cuando pasa, pasa. El tiempo es un concepto. Es importante. Puede tener varias interpretaciones y, por lo tanto, ser explorado desde muchos ángulos. Para este propósito, exploraré la importancia de no perder el tiempo, sino de maximizarlo y usarlo más eficientemente.

Respetar el tiempo equivale a ser más productivos. Piensa en el representante de atención al cliente en un banco que se da cuenta de que la fila de clientes se ha extendido hasta la entrada. Él o ella solicitará la asistencia de otro miembro del equipo para garantizar que los clientes entren y salgan del banco en un tiempo razonable. Considere al secretario de la oficina del gobierno que te aconseja cuidadosamente sobre todos los documentos necesarios a completar para un proceso en particular (por ejemplo, obtener un permiso de trabajo, solicitar una licencia de matrimonio o registrar una empresa, etc.), en lugar de hacerte regresar en múltiples ocasiones para fragmentos de información. Considere al colega que lee la agenda antes de una reunión y está preparado para la misma, asgegurándose de que la reunión no supere el tiempo asignado. Considere a los conductores de trenes que comen su almuerzo en su horario asignado de una hora (y nada más) porque entienden que los viajeros tienen citas, reuniones y conexiones basadas en los horarios publicados del tren. Las personas excelentes son modelos de tales comportamientos. En mi opinión, así es como podemos aumentar la productividad, la eficiencia y definitivamente mostrar el valor del tiempo.

Comprobé lo contrario hace muchos años cuando fui al dentista. Fue una de mis mayores molestias. Reservé mi cita con días de anticipación y llegué quince minutos antes de la hora programada. Me senté, esperé y esperé. Una hora después, todavía seguía sentada. Nadie me dijo nada. Nadie me explicó por qué había estado esperando tanto tiempo. Estaba molesta. Llamaron mi nombre después de casi setenta y cinco minutos de espera. Entré al consultorio del dentista, y no recibí ni disculpas, ni reconocimiento o explicación de por qué había perdido casi dos horas de mi preciado tiempo sentada en una sala de espera donde la gente

> *Las personas excelentes respetan su tiempo y el de los demás.*

claramente no me tenía en cuenta ni a mí ni a mi tiempo. Y me manifesté al respecto. Muy clara y firme, expresé mi disgusto por la larga e inexplicable espera. Esa experiencia no fue una cosa aislada, por lo que es seguro para mí concluir que las personas que no respetan tu tiempo, en esencia puede que realmente no te respeten a ti. Entonces, tomé la decisión. Si bien algunas personas pueden no molestarse por esperas largas, inexplicables e innecesarias, yo sí. Tenemos opciones y tal vez es hora de elegir empresas en las que el personal al menos reconoce que nuestro tiempo es igualmente valioso, igualmente importante y algo que debe respetarse.

En mi opinión, las personas excelentes respetan el tiempo: su tiempo y el de los demás. Entienden lo que refiere "carpe diem": aprovechan el momento. Aprecian que las oportunidades no perduran toda la vida y eventualmente se disiparán. Entienden que la vida es fugaz y que las personas y las cosas tienen una fecha de vencimiento. Perder el tiempo no es un hábito productivo; en cambio, es vital maximizar el tiempo que tenemos usándolo sabiamente.

Merriam Webster describe a las personas eficientes como aquellas que son capaces de producir el resultado deseado sin perder material, energía o tiempo.[14] Estas personas desean la satisfacción de saber que invirtieron su tiempo sabiamente, descubrieron el valor de la vida a través del tiempo y crearon su próximo momento en el tiempo, porque lo respetan. Este puede ser un buen punto para reflexionar acerca de nosotros. ¿Conoces a alguien así? ¿Eres ese tipo de persona? Si no lo eres, ¿Qué debe cambiar para que puedas convertirte en una persona eficiente? Stephen Covey nos recuerda que la clave de la vida no es realmente gastar tiempo sino invertirlo.[15] Entonces, las personas excelentes hacen lo que pueden, todo lo que pueden, cuando pueden, mientras pueden hacerlo con el tiempo que tienen porque llegará un momento en que no podrán hacer más. Eso es lo que se asemeja a la excelencia, en mi opinión.

---

14 Merriam-Webster Online, "eficiente", consultado el 19 de agosto de 2019, https: // www.merriam-webster.com/dictionary/efficient

15 Brainy Quotes.2019, consultado el 19 de agosto de 2019, https://www.brainyquote.com/search_results?q=steve+jobs

Introspección: Tal vez nunca se te ocurrió cuánto tiempo malgastas, voluntaria o involuntariamente. Tal vez mientras leías este capítulo, comenzaste a reexaminar cuán efectivamente has estado usando su tiempo últimamente. Tal vez hay hábitos comunes que parecían súper importantes entonces, pero ahora, estás dudando. Tal vez estés pensando que es hora de avanzar con esa meta no alcanzada, esa tarea incompleta o ese proyecto inacabado. ¡Bien por ti! Cuanto más respetas el tiempo, más productivo y eficiente te volverás.

Reflexiones Finales

Vuelvo a la pregunta principal, el propósito central, la esencia de por qué se escribió este libro: proporcionar una imagen, tomar algo abstracto y hacerlo concreto, ayudar a los lectores a definir a qué se parece la excelencia desde mi perspectiva.

Este libro fue escrito para que tú, el lector, puedas convertirte en otro defensor de la excelencia, comenzando directamente en tu propia esfera de acción y comunidades de influencia. ¿Quién no quiere ver y experimentar un brote de excelencia en nuestros lugares de trabajo, consultorios médicos, escuelas, comunidades, iglesias, restaurantes, hoteles y hogares? ¿Quién no querría experimentar una epidemia de excelencia entre colegas, sin importar sus títulos o descripciones de trabajo? ¿Por qué no podría haber una avalancha de positividad que impregne la longitud y la amplitud de nuestro globo? Podría ocurrir. Esta podría ser nuestra realidad. Tú y yo podríamos engendrar un espíritu de excelencia y ser la razón por la cual las personas experimentan esos sentimientos especiales sobre ellos mismos y los demás. Podríamos ser la razón por la cual las vibraciones positivas llenan cada espacio cuando nos presentamos. Podríamos ser la causa de que el corazón humano responda con tanto amor, tolerancia y amabilidad por los demás. Tú y yo somos las personas que pueden tener un impacto en la humanidad tan profundo que trascienda incluso nuestro tiempo. Cuando tú y yo funcionamos con un nivel de excelencia, esto es lo que puede suceder. Sistemáticamente.

Confío en que cada sección de este libro te aliente a pensar en lo que significa la excelencia para ti. Espero que te haya inspirado a ver la excelencia en los demás y a felicitarlos por ello. Soy optimista de que será más intencional resaltarlo cuando lo observes y experimentes. Y finalmente, quiero que nos comprometamos a celebrar la excelencia en los demás y, lo más importante, celebrarla en nosotros mismos.

Como se mencionó anteriormente, este libro no tiene el detalle completo ni una imagen exclusiva de todo lo que implica la excelencia: es meramente un retazo. Posiblemente, el punto de vista del lector puede amplificar aún más este trabajo. ¡Fantástico! Sin embargo, para responder a la pregunta planteada a lo largo de esta obra literaria, concluyo que cuando digo que alguien es excelente u opera con excelencia, lo que quiero decir es que son planificadores y pensadores; gestionan su persona, responsabilidades, recursos y talentos, sin excusas. Las personas excelentes abrazan los desafíos y tienen un reloj interno llamado moral y valores, que guían la trayectoria de sus vidas. Son buenos comunicadores que entienden que el cambio es inevitable. Son afines a la flexibilidad y la adaptabilidad, y cuando entran en un espacio o asumen un rol, ¡se aduéñan del mismo! ¡Eso es lo que significa vivir de manera diferente!

VIVIR *Diferentemente!*

VIVIR *Diferentemente!*

VIVIR *Diferentemente!*